BEI GRIN MACHT SICH IHR WISSEN BEZAHLT

- Wir veröffentlichen Ihre Hausarbeit, Bachelor- und Masterarbeit

- Ihr eigenes eBook und Buch - weltweit in allen wichtigen Shops

- Verdienen Sie an jedem Verkauf

Jetzt bei www.GRIN.com hochladen und kostenlos publizieren

Irfan Atahan

Optische ID-Systeme und ihre Anwendungsmöglichkeiten

GRIN Verlag

Bibliografische Information der Deutschen Nationalbibliothek:

Die Deutsche Bibliothek verzeichnet diese Publikation in der Deutschen Nationalbibliografie; detaillierte bibliografische Daten sind im Internet über http://dnb.d-nb.de/ abrufbar.

Dieses Werk sowie alle darin enthaltenen einzelnen Beiträge und Abbildungen sind urheberrechtlich geschützt. Jede Verwertung, die nicht ausdrücklich vom Urheberrechtsschutz zugelassen ist, bedarf der vorherigen Zustimmung des Verlages. Das gilt insbesondere für Vervielfältigungen, Bearbeitungen, Übersetzungen, Mikroverfilmungen, Auswertungen durch Datenbanken und für die Einspeicherung und Verarbeitung in elektronische Systeme. Alle Rechte, auch die des auszugsweisen Nachdrucks, der fotomechanischen Wiedergabe (einschließlich Mikrokopie) sowie der Auswertung durch Datenbanken oder ähnliche Einrichtungen, vorbehalten.

Impressum:

Copyright © 2013 GRIN Verlag, Open Publishing GmbH
Druck und Bindung: Books on Demand GmbH, Norderstedt Germany
ISBN: 978-3-668-00434-4

Dieses Buch bei GRIN:

http://www.grin.com/de/e-book/301189/optische-id-systeme-und-ihre-anwendungsmoeglichkeiten

GRIN - Your knowledge has value

Der GRIN Verlag publiziert seit 1998 wissenschaftliche Arbeiten von Studenten, Hochschullehrern und anderen Akademikern als eBook und gedrucktes Buch. Die Verlagswebsite www.grin.com ist die ideale Plattform zur Veröffentlichung von Hausarbeiten, Abschlussarbeiten, wissenschaftlichen Aufsätzen, Dissertationen und Fachbüchern.

Besuchen Sie uns im Internet:

http://www.grin.com/

http://www.facebook.com/grincom

http://www.twitter.com/grin_com

INHALTSVERZEICHNIS

Abbildungsverzeichnis .... *II*
Tabellenverzeichnis .... *II*
Allgemeines *1*
Optische ID-Systeme *1*
Strichcodes *3*
EAN-8, EAN-13 und EAN-128 .... *3*
Strichcode Größen *5*
Strichcode-Produktion *6*
Qualitätsprüfung *7*
Aufbau der GTIN-Nummer *8*
Prüfziffern *8*
UPC (UP-Code) *9*
Zweidimensionale Barcodes (2D-Codes) *10*
Lesegeräte für Strichcodes *11*
Mögliche Anwendungsbereiche *12*
    Anwendungsbeispiel „Intralogistik in Großmetzgerei": 13
    Anwendungsbeispiel „ID und Kennzeichnung von Investitionsgütern" 13
Quellenverzeichnis *15*
    Literaturquellen 15
    Internetquellen 15

Abbildungsverzeichnis

Abbildung 1: Einteilung der ID-Systeme 2

Abbildung 2: Bsp GS1-128 (EAN-128) 4

Abbildung 3: Versch. Größen der Barcodes 5

Abbildung 4: Etikettierregeln bei Paletten und Konsumenteneinheiten 6

Abbildung 5: Bsp. GTIN-13 8

Abbildung 6: Aufbau des Strichcodes 9

Abbildung 7: Beispiele der versch. Varianten der 2D-Codes 10

Abbildung 8: Komponenten des Laserscanners 12

Abbildung 10: Bsp. erstellter Software fürs Mobiltelefon 14

Abbildung 9: Optimierung durch Nutzung optischer ID 14

Tabellenverzeichnis

Tabelle 1: Verschiedene Arten 1Dimensionaler Barcodes 2

Tabelle 2: Versch. Druckverfahrensmöglichkeiten 7

Allgemeines

Durch Identifikationssysteme (ID-Systeme) wird eine Erkennung von „logistischen Einheiten" im Supply-Chain Bereich gestattet. (Vgl. Hertel, 2005, S.203.)
Die Erkennung eines Produktes wird als manuelle ID bezeichnet, wenn diese durch ein Individuum durchgeführt wird. Computergestützt, Sprachlich oder handschriftlich werden bei der manuellen-ID Daten aufgenommen und ins System zur weiteren Verarbeitung eingegeben. (Vgl. Dubbel, 2007, S. U95.) Bei dieser Art ID kann es als Nachteil gewertet werden dass diese Art von Datenaufnahme Zeitaufwendig ist und nicht echtzeitnah im EDV System aufgenommen wird.
Erfolgt die Erfassung von Waren durch Geräte, in denen „Informationsträger" integriert sind, spricht man von „automatischer ID". Grundsätzlich besteht ein ID-System, neben der zu identifizierenden Ware aus dem Kennzeichen (z.B. Barcode), und dem Empfangs- oder Lesegerät. Automatische ID-Systeme (Auto-ID) unterscheiden sich je nach Wirkprinzip, eine Datenübertragung kann mechanisch, optisch, magnetisch oder elektromagnetisch durchgeführt werden. (Vgl. Dubbel, 2007, S. U96.)
Es gibt weltweit um die 200 verschiedene Barcodetypen. Unterschiede weisen sie in der Größe, den dargestellten Zeichen, Art der Prüfziffernrechnung und beispielsweise im Anwendungsbereich. (Vgl. Klaus, Krieger, 2008, S. 41). Üblich ist die Nutzung von Ein- bzw. Zweidimensionalen Barcodes, die in den folgenden Absätzen in Funktion und Aufbau näher beschrieben werden.

Optische ID-Systeme

Optische (auch Optoelektronisch) ID-Systeme, die Strichcodes als Informationsspeicher verwenden, besitzen einen Marktanteil von ca. 70%. (Vgl. Arnold, 2009, S. 338.)
Unterscheiden kann man sie nach Art und Anzahl der Elemente die dargestsellt werden, sowie dem vorhandenen Platz auf dem beschrifteten Artikel. Der Barcode kann auf verschiedenste Art und Weise dargestellt werden, am häufigsten wird jedoch der EAN-8 (achtstellig) und de EAN-13 (dreizehnstellig) genutzt. (Vgl. Dubbel, 2007, S. U 96.) Nicht alle Strichcodes sind identisch nach gleichen Richtlinien aufgebaut, ein kurzer Überblick möglicher ID-Systeme wird in folgender Abbildung dargestellt. (Vgl. Dubbel 2007, U 96.) (Vgl. Schulte, 2001, S. 109.)

In dieser Ausarbeitung wird ausschließlich auf die optisch ausgelegten um am häufigsten genutzen Strichcodes Bezug genommen.

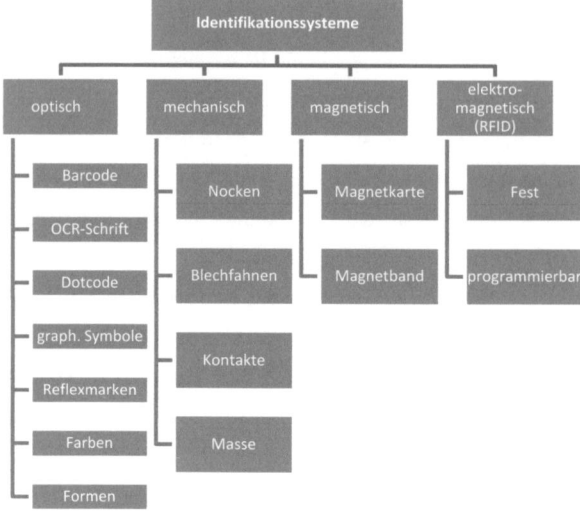

Abbildung 1: Einteilung der ID-Systeme
Quelle: Arnold, 2009. S.338.

Je nach Anwendungsbereich können Barcodes kategorisiert werden und weisen je nach Code dementsprechend Unterschiede im Aufbau auf.

Code	Darstellbare Zeichen	Länge	Informationen...	Prüfziffer	Anwendungsbereich
EAN-Code	Ziffern 0-9	8 (EAN-8) 13 (EAN-13)	in Striche und Lücken	vorgeschrieben	
Code-UPC	Ziffern 0-9	12 (Version A) 8 (Version E)	In Strichen und Lücken	vorgeschrieben	
CODABAR	Ziffern 0-9 6 Sonderzeichen	Variabel	nur in den Strichen	optional	
EAN 128, Code 128	Alphanumerisch	Variabel	In Strichen und Lücken	Vorgeschrieben	
Code39	Ziffern 0-9 Buchstaben Leerzeichen Sonderzeichen	Variabel	In Strichen und Lücken	Optional	Pharmaindustrie
Code 2/5 Interleaved	Ziffern 0-9	Variabel	In Strichen und Lücken	optional	

Tabelle 1: Verschiedene Arten 1Dimensionaler Barcodes

Strichcodes

EAN (European Article Numer) wurde 2009 unbenannt und wird seitdem als „Global Trade Item Number" (GTI-Number) bezeichnet. (Vgl.: ean.bz) Mit dem Erwerb einer GTI-number lässt sich jedes Produkt weltweit identifizieren. Vergeben wird diese Nummer in Deutschland von der Firma GS1-Germany, so wird verhindert das eine Nummer doppelt vergeben kann, was zu Überschneidungen führen kann. Eine 8-stellige GTI-Nummer ist für kleinere Artikel gedacht, auf denen aufgrund geringere Platziermöglichkeiten keine längere Nummer möglich ist. (Vgl. GS1-Germany GmbH01) Mit der 13-stelligen (GTIN-13) Nummer können Produktinformationen wie Bezeichnung, Gewicht oder Warengruppe, die zuvor in einer Datenbak abgelegt wurden, aufgerufen werden.

EAN-8, EAN-13 und EAN-128

Strichcodes, insbesondere der GTIN-13 und GTIN-128, geben eine Möglichkeit eine zuverlässige Auskunft über die Herkunft, Inhalt und den Lieferweg zu geben. Die Strichcodes sind aus dunklen Streifen auf hellem Hintergrund zusammengesetzt. Probleme könnten auftreten wenn der helle Hintergrund aus einer Metallic-Farbe besteht, aus der eine zu starke Reflektion resultieren würde.

Da die „Kurznummern" (GTIN-8) begrenzt zur Verfügung stehen, muss nachgewiesen werden dass sie notwendig ist und keine 13-Stellige GTIN in Frage kommt . Es wird empfohlen **vor** einem Antrag der GTIN, mit dem Verpackungsmitteldrucker oder der Fa. GS1-Germany abzustimmen, um rechtzeitig zu klären welche GTIN in Frage kommt. (GS1-Germany GmbH02)

Die letzte der GTI-Nummern (Siehe Abb. 2), **EAN-128**, bietet Möglichkeiten mehr Information zu „codieren" bzw. abzuspeichern, z.B.: (Vgl.: Schütte, 2004. S.245.)

- Mindesthaltbarkeitsdatum
- Produktvariante
- Seriennummer
- Gewicht
- Maße des Produktes
- Locationnummer des Empfängers

Die Bezeichnung EAN-128 ist veraltet und wurde inzwischen durch GS1-128 ersetzt. (Vgl.: activebarcode.de) Verwendet wird dieser Barcode häufig um Paletten, Pakete oder Rollcontainer zu Kennzeichnen. Dargestellt werden kann der GS1-128 wie in den folgenden Abbildungen. (Vgl.: GS1 Germany GmbH03)

Abbildung 2: Bsp GS1-128 (EAN-128)
Quelle: GS1 Germany GmbH04

Durch die „weltweit überschneidungsfreie" NVE (Nummer der Versandeinheit), auf dem ein EAN 128 verschlüsselt wird, (Vgl.:druckerfuxx.de) kann eine Sendung von allen Prozessbeteiligten innerhalb eines Transportprozesses genutzt werden um: (GS1 Germany GmbH05)

- Sendungen zu Übergeben
- Sendungen zu Verfolgen
- Sendungen zurück zu Verfolgen

Die NVE wird aus der Global-Location Nummer (GLN), aus einer selbst festgelegten Zahl und der Prüfziffer zusammengesetzt.

Strichcode Größen

Abbildung 3: Versch. Größen der Barcodes
Quelle: GS1 Germany GmbH06, S. 6

Strichcodes können je nach Bedarf versch. Größen aufweisen. In der Breite, bezogen auf den GS1-13 Symbol, ist zu beachten dass das sog. X-Moduls (Schmalste Strich innerhalb des Barcodes) eine „Nominalgröße" von 0,33mm nicht überschreitet. In der Höhe liegt die Nominalgröße bei 25,93. Nach den von der GS Germany GmbH aufgestellten Regeln, darf die Größe des X-Modul bis 80% vermindert bzw. bis 200% erhöht werden.

Beim GS1-128 Symbol muss der Wert des X-Moduls zwischen 0,495mm und 1,016mm liegen und darf nur in Ausnahmefällen bis zu 0,25mm reduziert werden.

Die Höhe liegt bei diesem Symbol immer bei 32mm, eine Verkürzung bis 13mm ist in Ausnahmefällen möglich weil sonst die Erfassung durch den Scanner verschlechtert wird.

Der Strichcode sollte generell so angebracht werden, dass er nicht verschmutzt, zerknickt oder zerstört werden kann.

Für das Anbringen auf logistischen Einheiten sind einige Regeln zu beachten, siehe folgende Abb.

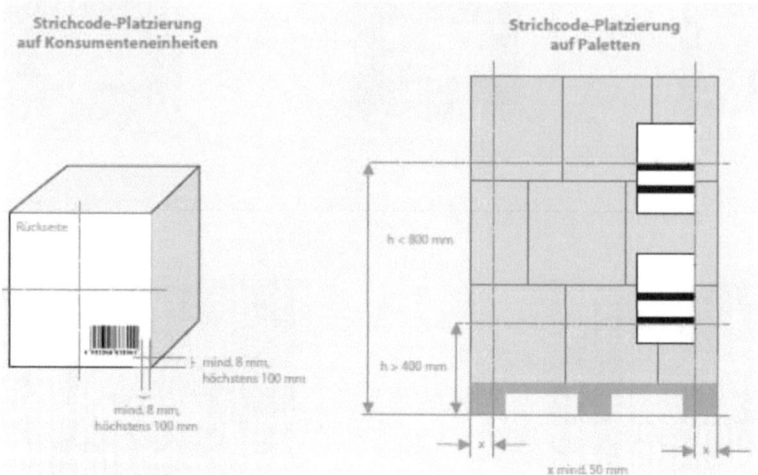

Abbildung 4: Etikettierregeln bei Paletten und Konsumenteneinheiten
Quelle: GS1 Germany GmbH06, S. 8

Die Höhe der Etiketten auf logistischen Einheiten sollte zwischen 400mm und 800mm sein. Wenn die Einheit aber kleiner als ein Meter ist, gelten Mindestabstände von 32mm vom Boden und 19mm von den Seitenkanten.

Strichcode-Produktion

Strichcodes lassen sich mit jedem Handelsüblichen Druck- und Etikettensystem ausdrucken und sind für „alle gängigen Bedruckstoffe geeignet". Einige „drucktechnische Faktoren" sollten aber berücksichtigt werden:

- „Die minimale Symbolgröße, die sich aufgrund des verwendeten Druckverfahrens ergibt oder aus dem Ergebnis eines Testdruckers hervorgeht"
- Farbe des zu bedruckenden Materials beachten
- Ausrichtung des aufgedruckten Strichcode

Wie im vorherigen Abschnitt erwähnt, müssen bestimmte Vergrösserungsfaktoren beachtet werden. Folgende Tabelle gibt einen kleinen Überblick darüber:

Verpackungsart	Material	Druckverfahren	Empfohlener Vergrößerungsfaktor
Becher	Papier, Kunststoff	Flexodruck Trockenoffsetdruck Siebdruck	1,1 – 1,2 1,1 1,1
Blisterpackung	Karton, Kunststoff	Offsetdruck	0,9 – 1,0
Dosen	Metall	Flexodruck Trockenoffsetdruck Siebdruck	1,0 1,0 1,0
Etiketten / Aufkleber	Papier (Folien)	Offsetdruck Hochdruck Tiefdruck Thermodirekt-/ Thermotransferdruck	0,9 – 1,0 1,0 1,1 0,75 – 2,0
Faltschachteln	Karton	Offset-/ Tiefdruck	0,9 – 1,0 1,0 – 1,1
Flaschen	Glas	Siebdruck	1,2 – 1,35
Tuben	Metall, Kunststoff	Trockenoffsetdruck	1,1
Umverpackungen	Karton, Wellpappe, Folie	Offsetdruck Flexodruck Inkjet / Digitaler Kartondruck	1,0 1,85 – 2,0 1,35 1,7 – 2,0
Weichpackungen	Kunststoff, Folie	Flexodruck Tiefdruck	1,35 1,1

Tabelle 2: Versch. Druckverfahrensmöglichkeiten

Qualitätsprüfung

Um eine Fehlproduktion von Strichcodes zu vermeiden, ist es wichtig gelegentlich eine Strichprobenprüfung der Barcodes durchzuführen.

Von der International Organization for Standartization (ISO) und der International Electrical Commission (IEC) wurden deshalb (für lineare Strichcodes) Kriterien festgelegt, die bei der Strichcodeprüfung überprüft werden sollten. Mögliche Fehlerquellen sind:

- Defekte
- Strichbreitenzuwachs
- Auflösung des Druckers
- Symbol- und Kantenkontrast
- Inhalt des Strichcodes

Fehlerbehebungsmöglichkeiten sind in der von der Fa. GS1 veröffentlichten Seite im Anhang entnehmbar.

Aufbau der GTIN-Nummer (Vgl. Schulte, 2001, S.108.)

Abbildung 5: Bsp. GTIN-13
Quelle: das-ist-drin.de

a) Die ersten beiden Ziffern sind „Länder-kennzeichen". (Für die BRD = 40-43)
b) 3. bis 7. Stelle der Gesamtziffer (auch GLN* Nummer genannt) identifizieren den Hersteller.
c) 8. Bis 12. Stelle ist eine vom Hersteller vergebene Artikelnummer
d) Durch die Prüfziffer werden die erfassten Daten abgesichert. Es wird sichergestellt, dass die vorher eingegebene Ziffernfolge sowohl fehlerfrei eingegeben als auch gelesen wurde.

*GLN (Global Location Number) ist „wie ein Fingerabdruck" im internationalen Warenverkehr, mit dem sich jeder Betrieb identifizieren lässt. „Mit der GLN können Unternehmen und Unternehmensteile, wie Standorte oder Lager, eindeutig und überschneidungsfrei identifiziert werden." Die 13-stellige Nummer ist der Schlüssel zu den in den Datenbanken der Geschäftspartner hinterlegten Unternehmensinformationen. (Vgl. GS1 Germany GmbH07)

Prüfziffern werden von dem System automatisch errechnet und wird als Bestandteil der Gesamtnummer an die letzte Stelle gesetzt. „Mit oder nach jeder Dateneingabe wird vom Programm die Prüfnummer vom Rechner neu errechnet und mit der eingegebenen Prüfnummer verglichen (Gültigkeitskontrolle). Stimmt die neu berechnete Prüfnummer nicht mit der alten überein, so erfolgt eine Fehlermeldung." Die Überprüfung wird durchgeführt um „Hör-, Lese oder Eintastfehler" zu vermeiden. (Vgl. Schulte, 2001, S. 102)

UPC (UP-Code)

Vom Aufbau und der Struktur her ist der UP-Code wie der EAN aufgebaut. Der Unterschied ist aber das es diesen Code 12-stellig (6-stellige Herstellernummer, 5-stellige Artikelnr. Und Prüfziffer. (Vgl. Vahrenkamp, Kotzab, 2012, S. 69)) und 8-stellig gibt. (Vgl. Schoblick, 2005. S. 182) So wie der EAN Code in Europa genutzt wird, wird der UP-Code eher in den USA verwendet und ist Kompatibel mit den in Europa verwendeten Scannersystemen. (Vgl. Demant et al, 2011, S. 129/130.)

Technischer Hintergrund und Aufbau des Strichcodes

Der Aufbau des Strichcodes ist international standartisiert. Vom Menschen sind sie nur dann lesbar wenn die zusätzlich, wie es im Handel üblich ist, „die Klarschrift zusätzlich abgedruckt ist." (Vgl. Demant et al, 2011, S. 128) Der Code selber dient nur als „Hilfsmittel" um im Datensystem artikelbezogene Informationen über das Produkt abzurufen. Mit Hilfe eines Warenwirtschaftssystem Bsp EANCOM, können die Systeme (des Lieferanten und Kunden) entweder „miteinander kommunizieren", oder bei der Verwendung einer anderen Software z.B. Navision XAL, kann die per EANCOM gesendeten Artikelbezogene Daten des Lieferanten lesen und die Aufnahme ins eigene System erleichtert werden. (Vgl. GS1 Germany GmbH08) Wie aus der Abb. 6 ersichtlich, besteht der international Standartisierte Aufbau des Strichcodes aus einem Start- und einem Stopzeichen, um die Leserichtung zu definieren. Dazwischen sind „für die Informationsübertragung nutzbaren Datenzeichen". (Vgl. Arnold, Furmans, 2009, S. 339)

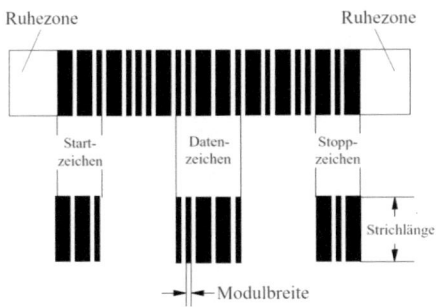

Abbildung 6: Aufbau des Strichcodes
Quelle: Arnold/Furmans, 2009, S. 339

Zweidimensionale Barcodes (2D-Codes)

Während die 1-Dimensionalen (1D) Barcodes nur Zahlen verschlüsseln können, ist in den 2D-Codes eine Speicherung von Texten möglich. Bis zu 3116 Ziffern können codiert werden (z.B. Data Matrix). Vom Aufbau her ist er genau wie der Barcode mit einem Start- und Stopzeichen ausgestattet. (Vgl. Dubbel, 2007, S. U98) Der Vorteil ist dass die „Informationsmenge" größer ist als bei den 1D Codes. Am häufigsten wird der sog. **Data-Matrix-Code** ECC-200 genutzt. „Der Code besteht aus einer meist quadratischen, gelegentlich auch rechteckigen, Anordnung heller und dunkler Quadrate mit zwei unterbrochenen und zwei ununterbrochenen Rändern."(Vgl. Demant et al, 2011, S. 134) Eine „Rekonstruktion des Dateninhaltes" ist selbst möglich, wenn bis zu 25% zerstört sind. (Vgl. Dubbel, 2007, S. U98) Beim **QR-Code** lassen sich die Daten sogar rekonstruieren wenn bis zu 30% zerstört oder fehlerhaft sind. (Vgl. Dubbel, 2007, S. U98)

Um sich ein Bild machen zu können, welche Datenmenge in z.B. einem QR-Code speicherbar ist, kann man einen QR-Code auf der Internetpräsenz www.goqr.me/de/ selbst generieren und für den Eigenbedarf downloaden.

Charakteristisch sind die 2D Codes wie aus folgender Abbildung entnehmbar aufgebaut und in Stapel- bzw. Matrixcodes gegliedert.

Abbildung 7: Beispiele der versch. Varianten der 2D-Codes
Quelle: Dubbel, U98.

Lesegeräte für Strichcodes

Um ein „Lesen" des Strichcodes zu ermöglichen, können mehrere Möglichkeiten genutzt werden. Es gibt mehrere verschiedene Möglichkeiten, die aber in diesem Abschnitt nicht alle, sondern viel mehr das Prinzip des Scanners beschrieben werden soll. Mögliche Scanmöglichkeiten werden in der folgenden Abbildung gut dargestellt: (Vgl. Arnold/Furmans, 2009, S. 345)

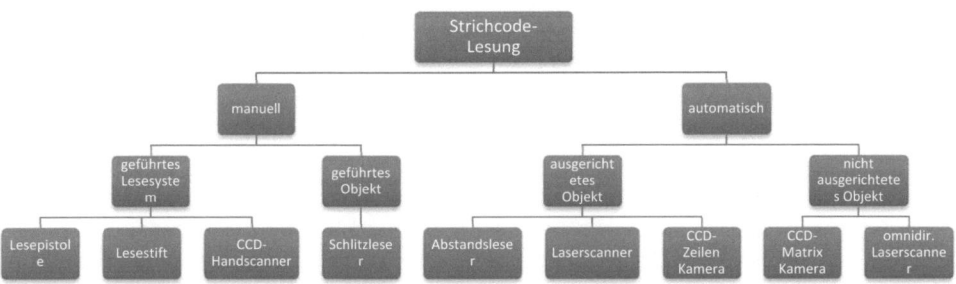

Die automatisch erfassten Information können „über eine serielle Schnittstelle an einen PC übertragen" werden. So kann man ein PC und Terminal als eine Strichcode-Lesestation nutzen. (Vgl. Arnold/Furmans, 2009, S. 345)

Ein gebündelter Lichtstrahl, „der auf ein rotierendes Polygonrad gelenkt wird, an dessen Element 6 bis 10 kleine Spiegelelemente angebracht sind" (Vgl. Arnold/Furmans, 2009, S. 346)

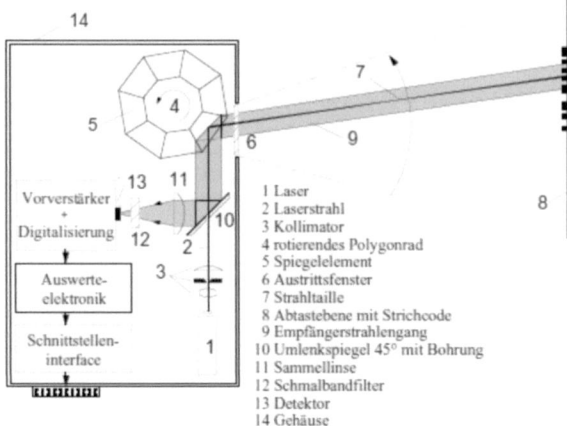

Abbildung 8: Komponenten des Laserscanners
Quelle: Arnold 2009. S. 346

Als sichtbar erscheint für den Nutzer/Betrachter erscheint eine „rote Abtastlinie". Folgende Prozesse werden jetzt durchgeführt:

1. Reflektiertes Licht wird vom Polygonrad erfasst
2. Auf einen Umlenkspiegel (Nr. 10) umgelenkt
3. Sammellinse bündelt das Licht in auf einen Detektor
4. Detektor erschafft aus den unterschiedlichen Breiten, Strichen und Lücken eine „elektrische Impulsfolge"
5. Elektrische Impulsfolge wird elektronisch „decodiert" und wird in rechnerverständliche Signale übersetzt.(Vgl. CIM GmbH)

Beim Scanvorgang spielt es keine Rolle von welcher Seite der Strichcode gescannt wird, Barcodescanner arbeiten „bidirektional", erkennen die Reihenfolge des Strichcodes und drehen die „sequence" ggf. um. In der Regel sind alle gebräuchlichen Strichcodes für leistungsfähige Scanner lesbar.

Mögliche Anwendungsbereiche

„Haupteinsatzgebiet von EAN ist die Erfassung der Abverkäufe mittels Scannerkassen." Der Zweck der Nutzung kann sehr unterschiedlich sein, die Nutzung bringt aber einige Vorteile, z.B.: (Vgl. Schütte, Vehring, 2011, S.206.)

- Im Bereich des Wareneingangs zur schnellen Erfassung der eingegangegen Waren.
- Warenausgangserfassung
- Erleichterte Inventurmöglichkeit durch Mobile Daten Erfassungsgeräte (MDE-Geräte)
- Gute „Markierungsmöglichkeit" bei der Kommisisionierung verschiedener Artikel. (Siehe Anwendungsbeispiel)

Anwendungsbeispiel „Intralogistik in Großmetzgerei":

Um innerbetriebliche Logistikprozesse „bei der Kommissionierung und im Versand" neu zu organisieren, wurden folgende Prozesse in der Eugen Gruninger Großmetzgerei in Freiburg errichtet.

In einem automatisch gefürten Hochregallager konnte nach der Inbetriebnahme der neuen Anlage, versch. Artikel die mithilfe von Barcodes identifiziert wurden, ein wichtiger Prozess zur effizienten Kommissionierung errichtet werden. In einer für die Kennzeichnung der Fleisch- und Wurstwaren erstellten „Auszeichnunglinie", wurden nach entsprechenden Kundenvorgaben verschiedene Artikel mit einem Barcode etikettiert und gleich in Kartons oder Kisten, je nach Kundenauftrag, kommissioniert.

Mitarbeiter versehen jetzt die Paletten, auf denen die kommissionierten Kartons sind mit NVE Etiketten. Der ausgelagerte Logistikdienstleister bekommt zeitgleich einen elektronischen Transportauftrag, der den Inhalt der Paletten (Artikel, Stückzahl und Empfängerdaten beinhaltet und kann die Paletten an den Kunden ausliefern.

Anwendungsbeispiel „ID und Kennzeichnung von Investitionsgütern"

Dieses Beispiel ist zwar nicht in einer Lagereinrichtung, es ist aber dem 2-Dimensionalen Barcode und der damit verbundenen Technik zu verdanken, einen zeitaufwendigen Prozess zu optimieren.

Der Einsatzort dieses Beispiels ist das Nürnberger Fussballstadion. Problemstellung ist das Auslesen der verschiedenen Zähler (z.B. Strom, Heizung, Wasser etc.) gewesen, welches viel Zeit in Anspruch genommen hat. Nach einem „Event" im Stadion mussten die Zähler ausgelesen, ins Verwaltungssystem eingetragen und an die Mieter weitergegeben / abgerechnet werden.

Zur Problemlösung sind die abzulesenden Zähler mit einem Data-Matrix Barcode, der mit notwendigen „Stammdaten" (siehe Abbildung 10) ausgestattet wurde, gekennzeichnet. Je nach Informationsvolumen die man in dem Barcode integriert, kann er eine Größe von 5 x 5mm darstellen.

Mobilfunkgeräte mit einer Scanfunktion wurden im weiteren Schritt so eingestellt, dass man nach dem auslesen des Barcodes, auf eine manuelle Eintragung in eine Liste komplett verzichten konnte. Nachdem der Barcode ausgelesen wurde, konnten die hinzugefügten aktuellen Zählerstände an ein Management System weiterleiten.

Die jetzt in das Management System eingegangenen „Bewegungsdaten" standen nun zur weiteren Bearbeitung bereit.

Fazit dieser Optimierungsmaßnahme war:

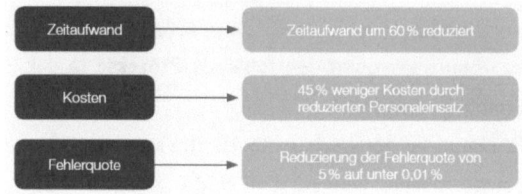

Abbildung 9: Optimierung durch Nutzung optischer ID
Quelle: GS1 Germany GmbH09, S. 9

Abbildung 10: Bsp. erstellter Software fürs Mobiltelefon
Quelle: GS1 Germany GmbH09, S. 7

Quellenverzeichnis

Literaturquellen

Arnold, Dieter; Furmans, Kai (2009): Materialfluss in Logistiksystemen. 6. Aufl. Berlin ;, Heidelberg: Springer.

Becker, Jörg; Schütte, Reinhard (2004): Handelsinformationssysteme. 2. Aufl. Frankfurt am Main: Redline Wirtschaft bei Verl. Moderne Industrie.

Demant, Christian; Streicher-Abel, Bernd; Springhoff, Axel (2011): Industrielle Bildverarbeitung. Wie optische Qualitätskontrolle wirklich funktioniert. In: *Industrielle Bildverarbeitung*.

Dubbel, Heinrich; Grote, Karl-Heinrich (2007): Taschenbuch für den Maschinenbau. Mit Tabellen. 22. Aufl. Berlin [u.a.]: Springer.

ean.jpg (JPEG-Grafik, 308 × 243 Pixel) (2009). Online verfügbar unter http://das-ist-drin.de/blog/uploads/ean.jpg, zuletzt aktualisiert am 27.07.2009, zuletzt geprüft am 14.10.2012.

Gillert, Frank; Hansen, Wolf-Rüdiger (2007): RFID für die Optimierung von Geschäftsprozessen. Prozess-Strukturen, IT-Architekturen, RFID-Infrastruktur. München [u.a.]: Hanser.

Hertel, Joachim (2005): Supply-Chain-Management und Warenwirtschaftssysteme im Handel. 1. Aufl. Berlin: Springer.

Klaus, P.; Krieger, W. (2008): Gabler Lexikon Logistik: Management logistischer Netzwerke und Flüsse;[A- Z]: Gabler. Online verfügbar unter http://books.google.de/books?id=5XS7Khx9kfgC.

Schoblick, Robert; Schoblick, Gabriele (2005): RFID. Radio Frequency Identification : Grundlagen, eingeführte Systeme, Einsatzbereiche, Datenschutz, praktische Anwendungsbeispiele. Poing: Franzis.

Schulte, Gerd (2001): Material- und Logistikmanagement. 2. Aufl. München: Oldenbourg.

Schütte, Reinhard; Vering, Oliver (2011): Erfolgreiche Geschäftsprozesse durch moderne Warenwirtschaftssysteme. Produktübersicht marktführender Systeme und Auswahlprozess. 3. Aufl. Berlin: Springer.

Vahrenkamp, Richard; Kotzab, Herbert (2012): Logistik. Management und Strategien. 7. Aufl. München: Oldenbourg, R.

Internetquellen

Activebarcode.de; barcode: GS1-128, EAN/UCC-128, EAN-128, UCC-128 :: EAN 128 :: UCC 128 :: EAN128 :: UCC128 :: Barcode :: Barcode Software OCX ActiveX :: ActiveBarcode. Online verfügbar unter http://www.activebarcode.de/codes/eanucc128.html, zuletzt geprüft am 14.10.2012.

CIM GmbH: CIM GmbH Logistik-Lexikon. Online verfügbar unter http://www.cim.de/lexikon/index.php?entry=7, zuletzt geprüft am 12.10.2012.

Das-ist-drin.de ean.jpg (JPEG-Grafik, 308 × 243 Pixel) (2009). Online verfügbar unter http://das-ist-drin.de/blog/uploads/ean.jpg, zuletzt aktualisiert am 27.07.2009, zuletzt geprüft am 14.10.2012.

Druckerfuxx.de; NVE-Barcode EAN 128. NVE ist die Nummer der Versandeinheit (2008). Online verfügbar unter http://www.druckerfuxx.de/drucker/nve_barcode.html, zuletzt aktualisiert am 06.10.2008, zuletzt geprüft am 14.10.2012.

Ean.bz; EAN / GTIN - EAN Datenbank. Online verfügbar unter http://www.ean.bz/, zuletzt geprüft am 14.10.2012.

GS1 Germany GmbH01: Globale Artikelnummer GTIN - GS1 Germany. Online verfügbar unter http://www.gs1-germany.de/gs1-standards/identifikation/artikel-gtin-sgtin/, zuletzt geprüft am 26.10.2012.

GS1 Germany GmbH02: GTIN-8-Kurznummer - GS1 Germany. Online verfügbar unter http://www.gs1-germany.de/gs1-standards/identifikation/artikel-gtin-sgtin/gtin-8-kurznummer/, zuletzt geprüft am 26.10.2012.

GS1 Germany GmbH03: gs1-germany.de2 (2012): 4003_susi_hb_kap6_Etikett.pdf (application/pdf-Objekt). Online verfügbar unter http://www.gs1-germany.de/common/downloads/ecr/4003_susi_hb_kap6_Etikett.pdf, zuletzt aktualisiert am 26.06.2012, zuletzt geprüft am 14.10.2012.

GS1 Germany GmbH04: Nummer der Versandeinheit (NVE/SSCC) - GS1 Germany. ABBILDUNG. Online verfügbar unter http://www.gs1-germany.de/gs1-standards/identifikation/versandeinheiten-nvesscc/, zuletzt geprüft am 14.10.2012.

GS1 Germany GmbH05: Nummer der Versandeinheit (NVE/SSCC) - GS1 Germany. Online verfügbar unter http://www.gs1-germany.de/gs1-standards/identifikation/versandeinheiten-nvesscc/, zuletzt geprüft am 14.10.2012.

GS1 Germany GmbH06: 2017_strichcodequalitaet_sd.pdf (application/pdf-Objekt) (2012). Online verfügbar unter http://www.gs1-germany.de/common/downloads/gs1_tech/2017_strichcodequalitaet_sd.pdf, zuletzt aktualisiert am 26.06.2012, zuletzt geprüft am 26.10.2012.

GS1 Germany GmbH07: Unternehmen mit der GLN identifizieren - GS1 Germany. Online verfügbar unter http://www.gs1-germany.de/gs1-standards/identifikation/unternehmen-gln/, zuletzt geprüft am 14.10.2012.

GS1 Germany GmbH08: EANCOM® - GS1 Germany. Online verfügbar unter http://www.gs1-germany.de/gs1-standards/datenaustausch/eancom/, zuletzt geprüft am 19.10.2012.

GS1 Germany GmbH09: gs1_datamatrix_und_mobile_datenerfassung_im_stadion.pdf (application/pdf-Objekt) (2012). Online verfügbar unter http://www.gs1-germany.de/fileadmin/gs1/best_practices/gs1_datamatrix_und_mobile_datenerfassung_im_stadion.pdf, zuletzt aktualisiert am 06.06.2012, zuletzt geprüft am 26.10.2012.